Frank Thomas Dietz

ZEITREISE

IMPRESSUM

© 1997 by autovision-verlag
Günther & Co., Hamburg

Alle Rechte der Verbreitung,
einschließlich Film, Funk und
Fernsehen sowie des auszugsweisen
Nachdrucks, insbesondere die
Nutzung von Ausschnitten zu
Werbezwecken, vorbehalten.

Verantwortlich für den Inhalt:
Frank Thomas Dietz, Bad Homburg

Titelgestaltung und Layout:
Claudia Osterloh

Belichtung, Titelreproduktion
und Druck:
PDC – Paderborner Druck Centrum

Printed in Germany

ISBN 3-9802766-8-6

Frank Thomas Dietz

ZEITREISE

Mit Opel durch die Fünfziger

autovision

INHALT

5   Vorwort

6   Einleitung

13   Bildteil

88   Technische Daten

94   Dank

Auto-Design in den Fünfzigern – die grenzenlose Freiheit

Das war schon etwas Besonderes: viele meiner Kommilitonen beneideten mich, als ich direkt nach Abschluß meiner Studienzeit 1952 eine Anstellung als junger „Formgestalter der Technischen Leitung der Adam Opel AG" in Rüsselsheim erhielt – zu einer Zeit, in der der Chefingenieur noch maßgeblich mitbestimmte, wie das Auto letztendlich aussehen sollte. Marktforschungs-Studien und Produkt-Kliniken waren noch nicht erfunden – jedenfalls nicht bei uns in Deutschland. Dafür war aber grundsätzlich klar, daß man sich beim Design an erfolgreichen US-Vorbildern zu orientieren hatte. Ob der Chevrolet Bel Air, der das Vorbild für den ab Herbst 1957 lieferbaren Rekord P 1 war, oder die Corvette, die die Form des in meinem Studio entstandenen GT direkt beeinflußte – alle diese Modelle waren in ihrem Ursprungsland absolute Bestseller. Luftwiderstand und Benzinverbrauch spielten eher eine untergeordnete Rolle. Das sorgte dafür, daß sich typische Marken- und Modellbilder entwickeln konnten, obwohl erfolgreiche Stilelemente gerne auch von anderen übernommen wurden. Panoramascheiben, die sogenannte Trapezform oder auch angedeutete Heckflossen sind Beispiele dafür. Die Fünfziger erlaubten den Automobil-Designern jene gestalterische Freiheit, die sie später vor dem Hintergrund von Energiekrisen und Benzinpreis-Erhöhungen nie mehr haben sollten.

Erhard Schnell

EINLEITUNG

Räder für Europa – oder:
Mit Opel durch die Fünfziger

Endlich sind sie da – die fünfziger Jahre. Eine neue Epoche. Das kommende Jahrzehnt bietet die Chance, das Leid der Kriegsphase zu vergessen und mit Zuversicht nach vorn zu schauen. Die offizielle Abschaffung der Lebensmittelmarken zum 1. Januar 1950 ist ein Signal. Auch die Automobilindustrie blickt mit Zuversicht (und neuen Modellen) in die Zukunft. Bei Opel beginnt am 15. Juli 1946 zunächst die Produktion des Blitz – allerdings nicht im kurz vor dem Krieg erbauten Lkw-Werk Brandenburg, denn das liegt nun im sowjetischen Sektor. Auch die Produktionsanlagen für den Kadett werden in Rüsselsheim demontiert und der Sowjetunion als Reparationsleistung zur Verfügung gestellt. Auf diesen Einrichtungen läuft bis 1957 ein kleiner Moskwitsch vom Band – eine Kopie des 1936 präsentierten Opel Kadett.

Die Entscheidung, zuerst den Blitz wieder aufzulegen, ist von der Notwendigkeit geprägt, für den deutschen Wiederaufbau Lastwagen auf die Straße zu bringen. An einen Privatwagen denken zu dieser Zeit nur wenige. Dennoch reifen in Rüsselsheim schon Pläne für eine Neuaufnahme der Pkw-Produktion.

Da ein Besatzungsstatut allerdings den Bau von Automobilen mit einem Hubraum von über 1,5 Liter untersagt, fällt die Wahl auf den Olympia, der zur Keimzelle der späteren Rekord-Generation avanciert. Schon bei seiner Präsentation vor dem Krieg hatte die „selbsttragende Ganzstahlkarosserie" des Opel Olympia für Furore gesorgt, denn zum ersten Mal wurde bei einem deutschen Großserien-Automobil diese Technologie angewandt. 1937 erhielt der Olympia ein neues Triebwerk, das zwar kontinuierlich verbessert, im Prinzip aber bis Juli 1965 in Produktion bleiben sollte: Jenen 1,5-Liter-Kurzhub-Motor, dessen hängende Ventile über eine unten im Block angeordnete stirnradgetriebene Nockenwelle gesteuert wurde. Zur selben Triebwerks-Generation gehörte der konstruktiv eng verwandte neue 2,5-Liter-Kurzhub-Reihensechszylinder, der den kurz vor Weihnachten 1938 vorgestellten Kapitän ebenso antrieb wie den Opel-Lastwagen „Blitz".

Wie Blitz und später Kapitän startet auch der Olympia nach dem Krieg – leicht überarbeitet – zu einer zweiten Karriere, die ein paar Jahre dauert und dem Olympia verschiedene „Facelifts" beschert. Dann löst Opel den Olympia im Frühjahr 1953 durch ein neues Modell ab, das zwar technisch an den Vorgänger anknüpft, aber sich von diesem optisch deutlich unterscheidet. Die neue Form ist das Charakteristische an diesem Fahrzeug, dessen Entwicklung Ende der vierziger Jahre unter der Leitung von Karl Stief in Rüsselsheim begonnen hatte. Das neue Design nennt sich Ponton-Form (Ponton ist der französische Ausdruck für „Brückenboot", ein kahnartiges, flaches Fahrzeug, das zum Bau sogenannter Pontonbrücken eingesetzt wurde) und kommt aus den USA. Bei General Motors gehört vor allem die Cadillac-Division zu den Wegbereitern dieses neuen Designs, etwa mit entsprechend geformten Modellen des Jahrgangs 1948. Das Besondere an dieser Formgebung ist die Einbeziehung der traditionell freistehenden Kotflügel – wie zum Beispie beim VW Käfer – in die Karosserielinie.

Aber nicht nur die Form dieses auf der Automobil-Ausstellung in Frankfurt vorgestellten Opel-Modells ist neu und up to date, auch seine Bezeichnung. Sie lautet nun Olympia Rekord, was modern und aktuell klingen soll. Während die preiswerten Einstiegsmodelle mit abgemagerter Ausstattung (z.B. fehlender Zeituhr und Beifahrer-Sonnenblende) künftig nur als „Olympia" (also ohne den Zusatz „Rekord") laufen.

Das an ein Haifischmaul erinnernde Kühlergrill sowie die bauchigen hinteren Kotflügel verhelfen diesem neuen Mittelklasse-Opel auf Anhieb zu eigenständiger Optik, die von jedermann bewundert wird. Klar, daß ihn die frohlockende Werbung zum „Star seiner Klasse" erhebt! Weiter heißt es vollmundig: „Im Rahmen seiner Klasse bietet dieser neue OPEL-Wagen ein Höchstmaß an Formschönheit und Komfort, Wirtschaftlichkeit und Zuverlässigkeit. Keine dieser Erwartungen wird enttäuscht. Berufene Sachkenner haben den neuen Wagen höchst gewissenhaft auf Herz und Nieren geprüft. Ihr einhelliges Urteil: Der Olympia Rekord ist technisch und preislich ein Spitzenerzeugnis seiner Klasse!"

Neben der adretten Form sind es vor allem die nun erhältlichen Zweifarben-Kombinationen, die diesem Auto – als Limousine und neuem Kombi CarAVan – zu besonderem Chic verhelfen. Der Name CarAVan stammt übrigens aus dem Amerikanischen und bedeutet „This car is a van" – also: dieses Auto ist ein Lieferwagen. Ansonsten bietet der neue Olympia Rekord wieder den nun 40 PS starken 1,5-Liter-Vierzylinder-Kurzhubmotor und einen um 9 Zentimeter verlängerten Radstand. Die Vorderachse mit Schraubenfedern hatte man vom Vorgänger übernommen, neu sind dafür die Teleskop-Stoßdämpfer und die vom Kapitän stammende Lenkung. Die hintere Starrachse kommt mit modifizierten Blattfedern daher (drei statt bisher sieben Blätter), während größer dimensionierte Bremsen die Verzögerungswerte verbessern. Kleinigkeiten wie Blinkleuchten (statt der damals noch üblichen Winker) oder die leichtgängige Kupplung runden das Bild ab.

Als Besonderheit greift die Werbung die während der Fahrt längsverstellbare Sitzbank vorn und natürlich die Innenausstattung mit äußerst attraktiver Armaturentafel und neuem Kombiinstrument für Tachometer, Kilometerzähler, Benzinstandanzeige und „Fernthermometer" auf. Die beim Olympia Rekord serienmäßige Zeituhr (sie arbeitet noch mechanisch und darf regelmäßig aufgezogen werden) sitzt im blechernen Deckel des Handschuhkastens. Aber das stört die junge autofahrende Republik ebensowenig wie die Trennung von Zünd- und Anlaßschalter. Während also die Zündung mit dem Schlüssel aktiviert wird, muß zum Starten der rechte Fuß ran – der entsprechende Hebel für den Anlasser liegt nämlich im Fußraum direkt neben dem Kardantunnel.

Weitere Details stammen von amerikanischen Vorbildern – so beispielsweise die Schmetterlings-Scheibenwischer (drehzahlabhängig über die Nockenwelle angetrieben!) – im Fach-Jargon „lebhafte Gegentakt-Scheibenwischer genannt" – oder die vordere „durchsitzfeste Sitzbank mit Zick-Zack-Federung". Als erneut vorbildlich erweist sich die aufpreispflichtige Opel-Frischluftheizung (160 Mark); im Sommer sorgen Ausstellfenster im Fond bei der Limousine und Schiebefenster beim CarAVan für prima Klima.

Über viel frische Luft können sich bei Bedarf auch die Käufer der neuen Cabrio-Limousine ab Anfang 1954 nicht beklagen. Für 6550.- Mark bietet dieses Modell das, was einen immer höheren Stellenwert einnehmen sollte: Fahrspaß. Dazu die Katalog-Werbung: „Über verschneite Alpenpässe schickte die Opel-Werksleitung das neue Olympia Rekord Cabriolet zu einer letzten Erprobungsfahrt an die sonnendurchglühte Riviera. Und hier, wo die schönsten Wagen der Erde von den Verwöhntesten dieser Welt gefahren werden, geschah es, daß die Opel-Fahrer mehr als einmal angehalten wurden – weil man ihnen Olympia Rekord Cabriolet auf der Stelle abkaufen wollte." Trotzdem wird dieses offenherzige Modell schon 1956 aus dem Programm gestrichen, da sich das nun auf Wunsch lieferbare Faltschiebedach für die Limousine immer größerer Beliebtheit erfreut.

Auf Basis dieser ersten Olympia-Rekord-Serie ändert Opel das Design zwischen 1954 und 1957 im Jahres-Rhythmus. Im Herbst 1954 erscheint die erste Retusche, leicht erkennbar am charakteristischen Kühlergrill, dem sogenannten „doppelten Haifischmaul" mit zusätzlicher Zwischenleiste im Stil des neuen Kapitän. Die Opel-Werbetexter schreiben zum Modell '54: „Bewährtes birgt kein Risiko... Formschönheit, Ausstattung und Anschaffungspreis – alles spricht für den Rekord." Ebenfalls neu: das größere Heckfenster sowie die automatische Rückstellung für den Blinker. Die Leistung des Motors steigt parallel auf 45 PS. Insgesamt fertigt Opel von der Olympia-Rekord-Baureihe ab Frühjahr 1953 558.422 Einheiten und festigt damit in der deutschen Zulassungsstatistik seine Stellung als solide Nummer 2 hinter dem VW Käfer. Dies ist bemerkenswert, da der Preisunterschied zwischen beiden Modellen bis zu 1400 Mark beträgt, bei einem Durchschnittsverdienst zwischen 300 und 500 Mark monatlich eine Menge Geld.

Der nächste Paukenschlag folgt bald, und zwar im August 1957. Bei sommerlich hohen Temperaturen stellt Opel Motor-Journalisten aus ganz Deutschland in der Rüsselsheimer Stadthalle den neuen Rekord P1 vor.

Obwohl sich auch in diesem Modell viele technische Komponenten des Vorgängers wiederfinden, wirkt der P1 wie ein „Auto von einem anderen Stern". Tatsächlich: die Transplantation des Styling-Themas eines 1955er Chevrolet Bel-Air auf europäische Abmessungen scheint bestens gelungen. Herausragende Merkmale sind die Panoramascheiben an Front und Heck – ebenso perfekt für die Fahrt ins Büro wie für die Urlaubsfahrt an die Adria. „Der Rekord – dezent, elegant, solide. ... überall eine immer gleich gute Referenz. Ein Wagen, nach dem man sich noch einmal umschaut, wenn man ihn geparkt hat", liest der interessierte Kunde im Prospekt für das neue Modell. „Panorama-Scheiben waren einfach ein Muß – und der Erfolg mit dem neuen Modell gab dem charismatischen Mersheimer recht", erinnert sich heute der ehemalige Opel-Design-Studioleiter Erhard Schnell, der für Modelle wie den legendären GT oder auch den Calibra verantwortlich war. Designer Schnell, damals erst kurze Zeit bei Opel, lächelt heute noch über ein besonderes Lob, das er als junger Formgestalter von

Mersheimer erhielt. „Damals durfte ich mich an so wichtigen Dingen wie den Schriftzügen für dieses Modell versuchen"; Für den geschwungenen Rekord-Schriftzug erhielt er eine Auszeichnung, weil sich darin nach Meinung von Technik-Chef Mersheimer das fortschrittliche Konzept des P1 zeigte.

Zur zweitürigen P1-Limousine gesellt sich kurze Zeit später ein ebenfalls sehr attraktiv gestylter CarAVan (mit einer um fast zwanzig Zentimeter verlängerten Laderaumfläche), den es alternativ wieder als Lieferwagen ohne hintere Seitenfenster und Rücksitzbank gibt. Neu hinzu kommt ab Herbst 1958 die Halbautomatik „Olymat" (für 350 Mark Aufpreis). Damit bemüht sich die Adam Opel AG um eine europäische Interpretation der in den USA schon damals sehr beliebten Getriebeautomatik, die sich hier bei uns aber nicht durchsetzt. In Deutschland ist man schon froh und glücklich, wenn man sich überhaupt einen stattlichen Rekord leisten kann – den es seit Sommer 1959 auch als viertürige Limousine gibt. Zum selben Zeitpunkt klettert die Leistung der 1,5-Liter-Maschine von 45 auf 50 PS, vor allem ein Ergebnis der auf 7,25 : 1 erhöhten Verdichtung. Dazu kommt eine neue auf 1,7 Liter aufgebohrte Motorvariante mit 55 PS. Aufpreis: lächerliche 75 Mark.

Auf jeden Fall ist die Presse begeistert. Man spricht von einem „Traumwagen" und würdigt ausdrücklich die Formanleihen bei amerikanischen Vorbildern wie dem Chevrolet Bel Air. Das Fehlen von kraftvollen V8-Motoren, Getriebeautomatik und Servolenkung stört hierzulande niemanden. Der Rekord-Käufer ist glücklich, sich mehr als einen VW Käfer leisten zu können. Wer dazu nicht in der Lage ist, aber dennoch auf die „Traumwagen-Form" nicht verzichten will, findet ab Mitte 1959 sicher Gefallen am Opel 1200, der den inzwischen eingestellten Olympia als „Spar-Modell" mit vereinfachter Ausstattung ersetzt (z.B. fehlende Beifahrer-Sonnenblende, keine serienmäßige Zeituhr, weniger Chromschmuck). Mit einem neuen hubraum- und leistungsschwächeren Vierzylinder-Motor mit 1,2 Liter Hubraum und 40 PS mobilisiert, stellt dieses „Baukasten-Modell" eine interessante Alternative dar. Bei seinem Triebwerk handelt es sich übrigens um einen engen Verwandten des 1,5-Liters (mit um sieben Millimeter geringerer Bohrung als wesentlicher Unterschied). Mit 5675 Mark liegt der Preis deutlich (rund 700 Mark) unter dem eines neuen Rekord 1500, aber rund 1000 Mark über dem eines Export-Käfers. Dafür erhält der Käufer einen deutlich leistungsfreudigeren und laufruhigeren wassergekühlten Vierzylindermotor, ein großzügigeres Platzangebot im Innen-, aber auch im Kofferraum sowie eine wirksamere Heizung, die allerdings mit 160 Mark extra bezahlt werden muß. Entsprechend heißt es in der Werbung: „Der Opel 1200 – das wirtschaftliche Voll-Automobil".

Am anderen Ende des Marktes operiert Opel mit der Repräsentations-Limousine Kapitän, die sich seit 1948 als fester Bestandteil im Programm befindet. Daß sich der laufruhige Sechszylinder kaum vom Vorkriegs-Modell unterscheidet, (lediglich der etwas einfacher gehaltene Chromschmuck und runde statt eckige Scheinwerfer trennen ihn optisch von der Vorkriegs-Variante) nimmt niemand übel. Einen Zweitürer – 1939 noch im Angebot – sucht man nun allerdings vergeblich. Aber natürlich treibt man bei Opel Modellpflege. So erhält der Kapitän im Mai 1950 eine Lenkradschaltung, bevor er im folgenden Jahr einem kompletten „Facelift" unterzogen wird. Dazu gehört ein überarbeitetes Design mit wuchtiger Chrom-Front, ein größerer Kofferraum und ein verbessertes Fahrwerk mit schräggestellten Teleskop-Stoßdämpfern an der Hinterachse. Außerdem steigt die Leistung von bisher 55 auf nunmehr 58 PS bei nur 3700 Umdrehungen.

Der richtige Knüller kommt im Herbst 1953 auf den Markt: der Kapitän '54. Schon auf den ersten Blick unterscheidet sich der Neue erheblich von seinem Vorgänger, der sich noch deutlich am US-Design der dreißiger Jahre orientiert hatte. Und wieder jubelt die Werbung „Eine völlige Neuentwicklung – ein Wagen großen Stils." Das tatsächlich Neue bezieht sich in erster Linie auf die Form. Wieder hat man in Rüsselsheim auf Stilelemente aus Detroit gesetzt – und damit genau die Kundenwünsche getroffen. Immerhin ist die Bodengruppe neu, ebenso wie Elemente des Fahrwerks; so kommen nun Teleskop- und nicht mehr Hebel-Stoßdämpfer zum Zuge. Aber die Fahrwerksabstimmung bleibt weiterhin komfortabel-weich. Beim Motor handelt es sich wieder um den bewährten 2,5-Liter-Sechszylinder, dem man allerdings eine Leistungsspritze (von 58 auf 68 PS) verpaßt hat. Ein Jahr später leistet er gar 71 PS. Zunächst für 9500 Mark angeboten, sinkt der Preis bis 1955 auf 8990 Mark.

Der Nachfolger erscheint im Herbst 1955 und ist erstmals auch in einer Luxus-Version lieferbar, zu der vordere Einzelsitze mit individueller Lehnenverstellung (statt einer Sitzbank) gehören. Damit durchbricht der Preis erstmals die Schallgrenze von 10.000-Mark und steigt auf 10.250 Mark. Die Leistung steigt ebenfalls – auf 75 PS. Außerdem offeriert Opel zu einem Aufpreis von 650 DM einen „elektrischen Schnellgang", also ein sogenanntes Overdrive, das im zweiten und dritten Gang zugeschaltet werden kann. Dazu wieder die Werbung: „Im Kapitän '57 vorfahren – das sagt schon viel. Das spricht für sicheren Geschmack. Das verrät gepflegten Lebensstil. Ohne Zweifel: Der Kapitän ist ein Wagen, der auf den ersten Blick Besitzerstolz auf Jahre hinaus rechtfertigt... Ob man mit dem Kapitän über die Straßen bummelt oder es eilig hat – die Dame am Steuer fühlt sich sicher, und der sportliche Herrenfahrer findet Genugtuung an den faszinierenden Fahreigenschaften."

Das Autoleben des Nachfolgers dagegen währt – höchst ungewöhnlich! – nur ein Jahr! Kapitän P1 oder auch P2,5 genannt und nunmehr 80 PS stark, gibt es dieses Modell ab August 1958 für wenigstens 10.250 Mark zu kaufen; die L-Version – wieder im Angebot – kostet exakt 11.000 Mark. Erstmals seit 1953 hat Opel für dieses Modell die Karosserie komplett neu entworfen, für einen längeren Radstand gesorgt und ihm Panoramascheiben vorn und hinten spendiert. Auch für diesen Kapitän gibt's wieder das bekannte Overdrive. Obwohl die Form – im Stil des von allen Kreisen bewunderten Rekord P1 – hervorragend ankommt, nehmen einige Kunden Anstoß an den recht schmal geratenen Fond-Türen, die beim Einstieg hinderlich sein können. Außerdem stört der aus formalen Gründen weit nach unten gezogene Türrahmen hinten. Deshalb wird der Kapitän P1, wegen seiner eigentümlichen Rückleuchten im Volksmund auch „Schlüsselloch-Kapitän" genannt, schon nach einem Jahr durch den gekonnt überarbeiteten Kapitän P2 – oder auch P2,6 – ersetzt, der zum erfolgreichsten Kapitän aller Zeiten avanciert. Seit Vorstellung des ersten Ponton-Modells legt Opel, im Gegensatz zum Rekord, Wert auf längere Produkt-Zyklen – weil die Anschaffung relativ teurer Autos sich generell noch in längeren Intervallen vollzieht. Trotz der hastigen Änderungen kommt gerade dieser Kapitän gut an und wird deshalb bis Ende 1963 ohne nennenswerte Retuschen produziert – Rekord für den Kapitän! Ab 9975 Mark lieferbar (L-Modell kostet 10.675 Mark), gibt es diese eleganten Viertürer seit 1961 erstmals auch mit Dreigang-Vollautomatik, die aus den USA stammt und gut mit dem jetzt 90 PS leistenden 2,6-l-Sechszylinder harmoniert. Insgesamt 145.616 Kapitäne dieses Typs laufen in Rüsselsheim von den Bändern, eine stolze Bilanz.

Konvoi: Gute Miene zum unbequemen Spiel dürften die reizenden Veedol-Promotion-Damen bei dieser Veranstaltung gemacht haben, war es doch wohl kaum ein Zuckerschlecken, kilometerlang auf Motor- oder Kofferraumhauben zu sitzen... Ob es der jungen Frau auf der Blitz-Kühlerhaube auf Dauer nicht ein wenig zu warm geworden ist?

Neuer Start: Bereits kurz nach dem Ende des Zweiten Weltkriegs startete Opel wieder mit der Produktion des beliebten Blitz-Lastwagens – diesmal allerdings im Werk Rüsselsheim. Das Mitte der dreißiger Jahre neugebaute Lkw-Werk Brandenburg lag nun in der russischen Besatzungszone und sollte später – bis zur Wiedervereinigung – Betonplatten für den Wohnungsbau in der DDR produzieren. Auch das Mineralölunternehmen Veedol setzte den Blitz ein, wie hier bei einer Promotion-Veranstaltung im Jahre 1948.

Schluckfreudig: Ausgedehnte Fahrten durchs Land im Opel Kapitän konnte im Jahre 1950 nur ein kleiner elitärer Kundenkreis unternehmen. Denn mit einem Preis von rund 10.000 Mark sprach Opel mit diesem Wagen Käufer an, die es schon kurz nach dem Krieg „geschafft" hatten (links).

Stolz: Die stattliche Form des 1948er Kapitän erinnerte stark an erfolgreiche US-Modelle der Firmen und Buick. Gegenüber dem Vorkriegsmodell änderte Opel in der ersten Serie nach dem Krieg nur Details, wie beispielsweise die Scheinwerfer, die bei der 1939er Variante sechseckig gestaltet waren.

Stattlich: Der Kapitän des Jahres 1948 war ein imposanter Wagen. Gegenüber dem Vorkriegsprogramm gab es das Opel-Flaggschiff mit dem modernen 2,5-Liter-OHV-Motor nur noch viertürig; die zweitürige Version wurde nicht mehr angeboten.

Für kluge Köpfe: Auch als Zeitungstransporter rollte der Blitz über Deutschlands Straßen und versorgte so die Bevölkerung mit wesentlichen Informationen in Bild und Text, bevor das Fernsehen diese Aufgabe noch schneller übernehmen konnte.

Nicht nur „Bauknecht" weiß, was Frauen wünschen: Auch der Blitz wurde – wie hier im Dienste der Firma Mollerus – zum „Diener der Hausfrau".

Modern: Bereits im Jahre 1949 gab es den beliebten und zuverlässigen Opel Blitz auch als Kühlwagen. Gerade in Landstrichen, die nicht direkt an der Küste liegen, dürfte sich dieses Modells besonders hohen Zuspruchs erfreut haben, wie dieses Fahrzeug der Seefisch-Großhandlung Gustav Jacobi aus Minden/Westfalen beweist. Der Aufbau des hier gezeigten Fahrzeugs stammt übrigens von MIKAFA.

Studienzeit: Bereits Ende der vierziger Jahre beschäftigte sich das Rüsselsheimer Designstudio – damals noch teutonisch „Modellraum" genannt – mit Untersuchungen für ein tiefgreifendes Kapitän-Facelift, das 1951 auf den Markt kam. Gegenüber dieser Zeichnung fiel jedoch der Bereich des Kofferraums etwas kürzer aus.

Aus der ersten Zeichnung wurde dieses 1:1-Modell. Während die massiven Chrom-Zierstreben des oberen Kühlergitters schon seriennahen Stand erreicht haben, fiel die Gestaltung des über dem Stoßfänger angeordneten Lufteinlasses etwas anders aus. Auch die an Buick-Modelle erinnernden seitlichen Luftöffnungen unterhalb der Motorhaube flossen so nicht in die Serie ein.

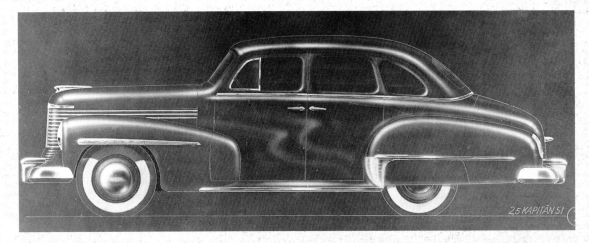

Programm-Überblick: Bei der Automobilausstellung 1951 präsentierte Opel die zwei Pkw-Baureihen Olympia und Kapitän, darunter auch die interessanten Olympia-Varianten Kombi und Cabrio-Limousine. Im Hintergrund übrigens Fahrzeuge der US-Marke Buick, deren Formen doch schon ungleich moderner wirkten.

Auftrieb: Obwohl der Kapitän schon relativ kurz vor seiner Ablösung stand, lockte er bei Automobilausstellungen 1952 noch immer Heerscharen von begeisterten Besuchern an. Dieses Ausstellungsstück war in wesentlichen Bereichen mit Plexiglas versehen, um den Blick auf den fortschrittlichen 2,5-Liter-Reihensechszylinder-OHV-Motor, das Fahrwerk oder die komfortable Federkernstruktur der Sitze zu ermöglichen. Oberklasse-Komfort Anfang der fünfziger Jahre!

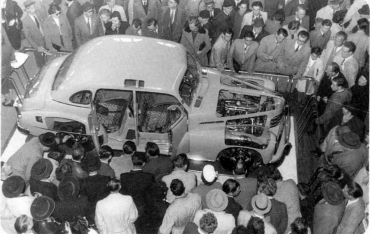

Service-Zeit: Opel-Modelle galten schon immer als reparaturfreundlich; das galt auch für den 1951er Kapitän, der hier einer Reparatur nach einem Unfallschaden unterzogen wird (unten).

Erprobungsfahrt: Die Vorstellung des 1951er Kapitän auf dem Rüsselsheimer Testgelände wurde von Journalisten begeistert wahrgenommen. Ob Sandpiste, Höckerstrecke oder Hochgeschwindigkeitsbahn – der Kapitän überzeugte das kritische Publikum in jeder Situation.

Komfortables Vergnügen. Auch ausgedehnte Fahrten im Kapitän wurden für die Passagiere nie zu einer Strapaze. Und auch jüngere Mitfahrerinnen und Mitfahrer wußten die Langstreckenqualitäten des Rüsselsheimer Flaggschiffs zu schätzen.

Rhein-Fahrt: Einen Betriebsausflug unternahmen einige Opel-Mitarbeiter im Jahre 1953 zusammen mit dem späteren Verkaufschef Dr. Hans Schnabel entlang des Rheins. Dieses Foto wurde aus Dr. Schnabels Kapitän aufgenommen und zeigt den Teilnehmerbus sowie einen Olympia, gesteuert von Opel-Kollegen.

Botschafter deutschen Automobilbaus: Auch in Schweden erfreute sich der Kapitän großer Beliebtheit, wie hier in Stockholm, wo ein 1952er und ein 1950er Kapitän nebeneinander geparkt sind.

Live-Übertragung vom Werksgelände: 1952 übertrug der Hessische Rundfunk Radio-Sendungen wie diese direkt vom Rüsselsheimer Werksgelände (rechts).

Spritztour: Mit der Olympia Cabrio-Limousine nach Michelstadt im Odenwald. Neben dem historischen Rathaus im Hintergrund weckt bei dieser illustren Reisegruppe auch der alte Brunnen auf dem Marktplatz großes Interesse.

Familienplanung: Auch der Olympia sollte Anfang der fünfziger Jahre umfassende Modifikationen erfahren, wie auf dieser Designskizze des Jahres 1949 zu erkennen. Gegenüber den tatsächlichen Änderungen weicht diese Zeichnung jedoch in wesentlichen Punkten ab. So deutet diese Skizze schon ohne Zweifel auf den neuen Olympia-Rekord mit Ponton-Karosserie hin, der im September 1953 debütierte.

Treffen in Dannenberg an der Elbe: Die automobile Welt des Jahres 1952 schien nur aus Opel und VW zu bestehen – in diesem Fall im Verhältnis 50:50. Zu sehen sind drei Olympia und drei Käfer (unten).

Überlandfahrt: Ob jung oder alt – der Olympia begeisterte alle Generationen, wenngleich auch ausgedehnte Touren – trotz der komfortablen Fahrwerksauslegung – wegen der noch wenigen befestigten Straßen etwas beschwerlich sein konnten.

Dannenberg/Elbe. Marschtorstraße

Zuverlässiger Reisewagen: Bis weit in die sechziger Jahre erfreuten sich die Kapitäne der frühen Fünfziger großer Beliebtheit als zuverlässige, geräumige und laufruhige Komfortlimousinen.

Ob Sonne oder Regen – der Olympia zog stets zuverlässig seine Bahnen, auch wenn mancher Kunde dafür lange sparen mußte. Ob dieser Olympia deshalb vor der Sparkasse geparkt ist ...?

Volles Programm: 1951 bot Opel die überarbeiteten Olympia- und Kapitän-Modelle mit Lenkradschaltung und amerikanisierter Optik an, darunter auch die niedliche Olympia-Cabrio-Limousine

Repräsentativ: Für 6.150 Mark konnte man 1951 einen neuen Olympia erstehen – nicht nur, um damit der „Dame des Herzens" zu imponieren ...

Guter Kundendienst war schon in den fünfziger Jahren eine Stärke der Opel-Organisation, wie auf diesem Werbeplakat des Jahres 1952 deutlich zu sehen.

Dabeisein ist alles: Fahrschulen erfreuten sich Anfang der fünfziger Jahre großer Beliebtheit. Kein Wunder, wollten doch viele endlich mit dem eigenen Wagen unabhängig sein und auf große Fahrt gehen. Und große Autohändler, wie der Opel-Vertragspartner Reinmold, erkannten die Chance und boten eine Fahrschulausbildung an.

Export-Erfolg: Nicht nur in Deutschland entwickelte sich der Kapitän zum erfolgreichsten Sechszylinder; auch im Ausland schätzte man seine Qualitäten. So war der viertelmillionste Opel-Exportwagen, der 1951 in Rüsselsheim vom Band lief, ein Kapitän.

Kommandozentrale: Die komfortable Lenkradschaltung mit Dreiganggetriebe war eine der wesentlichen Änderungen im Olympia des Jahres 1951, der auch einen serienmäßigen Öldruckmesser besaß. Später legte man mehr Wert auf ein Thermometer zur Kühlwasser-Überwachung.

HÄNDLER · HÄNDLER · HÄNDLER · HÄNDLI

Schnell und preiswert: Der Opel-Kundendienst hatte sich schon vor dem Krieg den Ruf erworben, gut, schnell und preiswert zu arbeiten. Nach dem Krieg wurde der "Quick-Dienst" für besonders eilige Kunden eingeführt, wie hier in Frankfurt bei Georg von Opel.

Zapfstation: Zu einem Autohändler gehörte in den frühen fünfziger Jahren selbstverständlich auch die eigene Tankstelle (unten links).

Großes Angebot: Rekord- und Kapitän-Modelle waren seit jeher beliebt – neu und gebraucht. Hier zeigt das Traditions-Autohaus Georg von Opel in der Frankfurter Mainzer Landstraße sein umfangreiches Sortiment.

HÄNDLER · HÄNDLER · HÄNDLER · HÄNDLi

Schaustück: Schon kurz nach dem Krieg erkannten die Händler, daß man aktiv auf den eigenen Betrieb aufmerksam machen mußte. Schließlich wurde die Konkurrenz immer größer ...(rechts).

Support: Der Name General Motors bürgte für eine große, effiziente Organisation mit perfekter Betreuung. Viele Opel-Händler übernahmen nach dem Krieg auch die Aufgabe, die GM-Fahrzeuge der in Deutschland stationierten US-Soldaten zu warten.

Netzwerk: Opel-Händlerbetriebe mit professionellem Service findet man seit Anfang der fünfziger Jahre flächendeckend in ganz Deutschland (unten links).

Sodenerstr.
spätere Radio-Werkstatt

Flotte Herrschaften: Ob auf Pferderennbahnen, in Metropolen oder an Flughäfen — den Opel Kapitän fand man an den Orten, wo sich gutsituierte Gesellschaften trafen.

Blitz-Reise: Der Blitz-Omnibus von 1952 bot zahlreichen Mitfahrern komfortabel Platz und sorgte mit seinem großzügig verglasten Dach für angenehme Atmosphäre.

Blitz-Komfort: Der Opel Blitz erfreute sich bei den Herstellern von Spezialaufbauten großer Beliebtheit, wie dieser Bus mit seinem in Belgien gefertigten Aufbau (unten).

Blitz-Transport: Für grobe Transportaufgaben war der Blitz — hier als Pritschenwagen — bestens geeignet und sorgte für große Zufriedenheit bei Fahrern und Fuhrparkbesitzern.

Blitz-Kontrolle: Eilige Herren in Hut und Mantel unterziehen diesen Opel-Blitz, der gerade ein strapaziöses Testprogramm absolviert hat, einer kurzen Überprüfung. Wir vermuten, daß der Kandidat alle Prüfungen mit Glanz und Gloria bestand.

Blitz-Angebot: Eine breite Palette verschiedenster Varianten konnte Opel seinen Blitz-Interessenten Mitte der fünfziger Jahre offerieren.

Später Blitz: 1954 kam der 1,75-Tonner neu ins Programm und ergänzte das Angebot im 1,5-Tonnen-Segment (ganz rechts).

Post-Blitz: Der Blitz erfreute sich bei den unterschiedlichsten Kunden größter Beliebtheit und war sowohl in Städten als auch im ländlichen Bereich oft anzutreffen.

Unbeschwerte Reise: Auch in fernen Ländern konnte man mit seinem Kapitän sicher unterwegs sein. Die internationale Opel-Service-Organisation war garantiert zur Stelle, auch im fernen Süden.

Spritzige Erfrischung: Anfang der fünfziger Jahre hielten automatische Waschanlagen auch in Deutschland Einzug, nachdem sie bereits seit einigen Jahren erfolgreich in den USA eingesetzt waren. Eine schnelle Wagenwäsche zwischendurch war damit kein Problem mehr, um die repräsentative Form seines Kapitäns voll zur Geltung bringen zu können.

Freizeit-Kapitän: Ob Dienstreise oder, wie hier, frivoler Badespaß – der opulente Viertürer aus Rüsselsheim machte überall eine gute Figur. Sogar das Faltboot ließ sich unterbringen.

Sonderbau: Schon als normale Limousine erfreute der Kapitän seine Besitzer durch ein hohes Maß an Geräumigkeit. Diese Sonderversion von Karosserie Langenthal (Schweiz) hingegen verband sogar die repräsentative Form der klassischen Limousine mit .....

... der Multifunktionalität eines Kombis. Die große Heckklappe fiel erst bei genauerem Hinsehen auf und gab Raum zu einer großzügigen, ebenen Ladefläche frei. Etwas übertrieben scheint jedoch die Meinung einiger, dies sei der frühe Vorläufer des Opel Monza gewesen ...

Alles neu: Bei der Internationalen Automobilausstellung 1953 erfreute Opel das Publikum mit dem komplett neugestalteten Rekord-Modellprogramm im Ponton-Look. Der Olympia Rekord wurde zunächst als zweitürige Limousine und dreitüriger Kombi CarAVan angeboten (dieses Wort war von dem englischen Satz „This Car is A Van" abgeleitet, was soviel heißt wie „Dieser Pkw ist ein Lieferwagen"). Die Cabrio-Limousine kam im Jahre 1954 hinzu.

Delegation: Die Rüsselsheimer Opel-Werke waren schon Anfang der fünfziger Jahre ein beliebtes Besucherziel, auch für Kollegen des amerikanischen GM-Konzerns.

Capri-Sonne: Auch in der Schweiz sowie in Italien erfreute der Olympia Rekord seine Kunden mit Komfort und Zuverlässigkeit. Und selbst weite Fahrten aus Deutschland wurden auf den komfortablen Sitzbänken vorn und hinten kaum zur Strapaze.

Studie: Bereits 1950 begannen die Arbeiten an einem Nachfolger für den Olympia, der noch aus der Vorkriegszeit stammte (unten links).

Über Stock und Stein: Auch der neue Olympia Rekord mußte bei der Journalisten-Vorstellung im Frühjahr 1953 seine Zuverlässigkeit unter Beweis stellen – ob auf der Sandpiste oder der Hochgeschwindigkeitsbahn.

In Treue fest: Das Bild zeigt den langjährigen Opel-Kunden Dr. Segel mit seinem ersten Opel aus dem Jahre 1906 und seinem jüngsten Wagen, einem Opel Olympia Rekord 1953. Dieses Auto nahm Dr. Segel im stattlichen Alter von 90 Jahren in Empfang.

Magnet: Wo immer der neue Olympia Rekord des Jahres 1953 vorfuhr, zog er die Blicke magisch an.

Für Sonnenanbeter: Der Olympia Rekord als Cabrio-Limousine kam 1954 ins Programm und erfreute sich sofort hohen Zuspruchs.

Klappe auf: Der sogenannte Handschuhkasten des 1953er Rekord faßte deutlich mehr als nur ein Paar Handschuhe — selbst eine Kamera und ein Straßenatlas paßten hinein. Im Deckel des Handschuhkastens war übrigens die mechanisch arbeitende Zeituhr untergebracht. Sie lief bis zu acht Tage ohne erneutes Aufziehen.

Schnell-Lieferung: Zusätzlich zum Rekord CarAVan mit Seitenfenstern und Komfortausstattung bot Opel den Schnell-Lieferwagen an, der sich offiziell nur Olympia nannte.

Futuristisch: Bereits Anfang 1951 begannen die Arbeiten an dem neuen großen Ponton-Kapitän, der im Herbst 1953 auf den Markt kam. Hier eine der frühen Design-Skizzen mit starker Anlehnung an US-Modelle der damaligen Zeit.

Grill des Lächelns: Nochmals eine vorläufige Version, die für die Serie leicht abgeändert wurde.

Haifischmaul: Auch die Front weist in wesentlichen Punkten die Merkmale des späteren Serienmodells auf. Geändert wurden allerdings die Blinker sowie die oberen Lufteinläße, die später Zierwappen wichen.

Noch 'n Gedicht: So sah das erste Designmodell des Kapitän '54 aus, das im Rüsselsheimer Modellraum entstand. Man erkennt viele Details von der zuvor gezeigten Skizze. Generell stimmt dieses Modell in wesentlichen Bereichen schon mit dem Endprodukt überein.

Überarbeitet präsentiert sich diese Grill-Variante mit Wappen anstelle zusätzlichen Lufteinlässen. Nicht realisiert wurde die scharfkantige Kühlerfigur.

Hochtourig: Im Rauhreif des Hochspessart wirkte der Kapitän 1953 besonders attraktiv.

Opel-Parade: Das komplette Modellprogramm des Jahres 1954, präsentiert auf der Hochgeschwindigkeitsbahn des alten Opel-Testgeländes in Rüsselsheim.

Lademeister: Der Rekord bot ein äußerst großzügiges Kofferraumabteil, in das fünf größere Koffer und mehrere Taschen problemlos hineinpaßten.

Sichere Fahrt: Das Rüsselsheimer Testgelände bot neben Sandpisten, Höckerbahnen und Hochgeschwindigkeitsstrecken auch eine Kopfsteinpflasterstrecke mit Bewässerungssystem, um das Fahrwerk bei Nässe zu testen.

Schaufenster I: Gegenüber dem bisherigen Olympia bot der neue Olympia Rekord einen wesentlich verbesserten Rückblick durch ein beträchtlich vergrößertes Heckfenster.

Schaufenster II: Auch nach vorn verbesserte sich die Sicht im neuen Olympia Rekord durch die stark vergrößerte Frontscheibe. Wo die beiden Damen im Moment wohl hinschauen?

Für ungeliebte Schwiegermütter und Bordgepäck war der Rekord-Kofferraum bestens gerüstet (unten).

Ruck-Zuck: Das Verdeck der Cabrio-Limousine ließ sich schnell und problemlos bedienen – auch von zarten Damenhänden.

Raum in Hülle und Fülle bot der neue Olympia Rekord auch den Fond-Passagieren des Rekord 1953. Zur besseren Belüftung des Innenraumes waren die hinteren Seitenfenster ausstellbar.

Wenn der Vater mit dem Sohne... Selbst lange Strecken waren im Kapitän das reinste Vergnügen. Die Pausen nutzte man für den Freizeitspaß.

Guter Kumpel: Der erste Ponton-Kapitän des Jahres 1953 wirkte deutlich gestreckter und moderner als sein Vorgänger, der — auch optisch — noch auf dem Vorkriegsmodell basierte (unten links).

Kinderstolz: Endlich einmal Papas großen Kapitän fahren dürfen — davon träumten viele Jungs in den Fünfzigern...

Produktionsjubiläum: Der 100.000 Wagen des Jahres 1954 war ein Opel Kapitän. Stolz empfing Generaldirektor Zdunek (Zweiter von links) mit seinen Mitarbeitern das Fahrzeug an der Produktionslinie.

Gespannte Blicke: In der Rüsselsheimer Stadthalle stellte Opel im Spätsommer 1954 Händlern und Journalisten den Rekord des Jahrgangs 1955 vor.

Zielfahrt: Auf den Weg zu den Händlern und damit auch zu den Kunden machten sich die in Rüsselsheim produzierten Wagen in der Regel per Bahn. Aus diesem Grund gibt es in Rüsselsheim den Opel-Bahnhof.

Vorsicht, Gänse! Mit seiner sicheren Bremsanlage konnten auch noch so überraschende Ereignisse den Rekord-Fahrer bzw. die Rekord-Fahrerin nicht aus dem Konzept bringen.

Forscherdrang: Gerade bei strapaziösen Fahrten ins Ausland bedienten sich Expeditionsteams gerne des zuverlässigen Opel Rekord – hier in der geräumigen CarAVan-Version.

WOHNWAGEN · WOHNWAGEN · WOHNWAGE

52

Zugkräftig: Opel-Modelle aller Größen und Baujahre erfreute sich bei den Besitzern von Wohnanhängern besnderer Beliebtheit – wie diese kleine Fotoauswahl beweist.

WOHNWAGEN · WOWOHNWAGEN · WOHNWA

Gen Norden: Der 500.000 Opel-Export-Wagen ging an einen glücklichen Kunden in Schweden. Es handelte sich um einen 1955er Rekord.

Auch weiteste Fahrten mit vollem Gepäck konnten Olympia und Rekord nichts anhaben.

In the summertime: Glücklich, wer in einer Cabriolimousine von Opel auf Tour gehen konnte. Vor allem, wenn dies mit heruntergeklappten Verdeck geschah.

Mollig-warme Winterfahrt: Die Opel-Frischluftheizung sorgte auch bei klirrendem Frost und tiefsten Temperaturen für angenehmes Innenraumklima — Ein Komfort, den viele andere Autofahrer vermißten.

Sechs Jahre alt war dieser Kapitän bereits, als Opel im Jahre 1962 sein hundertjähriges Bestehen feierte. Der Jubiläumskonvoi führte – wie hier zu sehen – am noblen Wiesbadener Kurhaus vorbei.

Millionending: Den zweimillionsten Opel feierten die Rüsselsheimer im Jahre 1956 mit einem Kapitän, dessen Chromteile zu diesem Anlaß speziell vergoldet wurden. Hier der damalige Verkaufsleiter Dr. Hans Schnabel bei der Festansprache.

Alles im Blick: Große Rundinstrumente und ein Armaturenbrett im Juke-Box-Stil beherrschten das Interieur der Kapitäne zwischen 1953 und 1957 (unten).

Fenster zum Himmel: Während es im Rekord-Programm die Cabrio-Limousine gab, lieferte Opel für den Kapitän ein großes Kurbel-Faltdach auf Wunsch gegen Mehrpreis.

Kleiner Handgriff – große Wirkung: Ab 1955 bot Opel den Kapitän auch mit elektrisch zuschaltbarem Overdrive für den zweiten und dritten Gang an. Das senkte das Drehzahl-Niveau, sparte Benzin und Verschleiß.

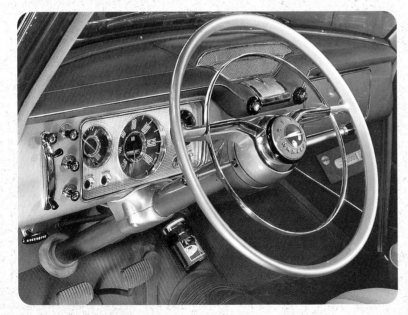

Repräsentative Eleganz ließ sich auch in der Kapitän-Werbung gut verkaufen. Mit einem Preis von 9.350 Mark war das Rüsselsheimer Flaggschiff um mehrere tausend Mark preiswerter als die Stuttgarter Konkurrenz aus dem Hause Mercedes-Benz.

Gediegen: Der Kapitän machte immer eine gute Figur, ob auf dem Firmenparkplatz oder vor der Privatvilla.

Taxi, bitte: Auch als Taxi war der große Opel Kapitän äußerst beliebt. Fuhrparkbesitzer und Kunden schätzen Fahrkomfort und Laufruhe, Fahrer und Taxibetriebe seine Zuverlässigkeit.

In neuem Glanz erstrahlte das Kühlergrill des 1956er Rekord. Zwischen 1953 und 1957 änderte Opel in jedem Jahr das Kühler-Design bei seinem populären Mittelklassemodell – ähnlich wie es die große US-Schwestermarke Chevrolet in den USA tat.

Eine Seefahrt, die ist lustig ... mit dem Rekord 1956 wurde sie besonders schön, selbst wenn die Fährüberfahrt auch nicht lange dauerte.

Let the sunshine in: Ab 1956 bot Opel ein sogenanntes Frischluft-Kurbeldach als Option für den Olympia Rekord an. Diese Sonderausstattung ersetzte die bisher angebotene Cabrio-Limousine und fand auf Anhieb viele Freunde.

Gut gelaunt: Wer einen Opel Rekord fuhr, hatte gut lachen. Bis weit in die sechziger Jahre hinein traf man die Ponton-Modelle der Jahrgänge 1953 bis 1957 regelmäßig im Straßenverkehr. Auch dieses Foto stammt aus dem Jahr 1961, als die Modelle bereits fünf Jahre alte war.

Kundenorientiert: Bereits 1956 hatte die Bundesbahn erkannt, daß Bahn und Auto perfekt miteinander harmonieren können. So bot sie als besondere Dienstleistung den Kundendienst "Auto am Bahnhof", der besonders den Wünschen von Geschäftsreisenden entgegenkam.

Ein sauberer Wagen, die Visitenkarte des Autofahrers: Wagenpflege wurde auch in den fünfziger Jahren großgeschrieben. Während die meisten ihre Wagen noch von Hand auf der Straße säuberten, gab es bei großen Tankstellen und Autohändlern schon einige automatische Waschstraßen. Ansonsten pflegte der Tankwart den Wagen mit Akribie.

Steile Paßfahrten stellen den Rekord nie vor Probleme – egal ob bergauf oder bergab. Seine Zuverlässigkeit war langstreckenerprobt.

Präsentation im Lichthof: Zur Vorstellung neuer Modelle lud Opel in den fünfziger Jahren gerne in den sogenannten Lichthof des Unternehmens in Rüsselsheim ein. Im Spätsommer 1956 präsentierte man hier „Die Linie des Fortschritts", den neuen Olympia Rekord des Jahrgangs 1957.

„Zwei Wagen in einem", hieß es in der Werbung zum Opel CarAVan, der hohes Transportvolumen mit Pkw-artigem Design und komfortablen Fahreigenschaften verband.

Campingspaß: Der Opel CarAVan war das ideale Fahrzeug zur aktiven Freizeitgestaltung. Der geräumige Innenraum bot Platz für bis zu fünf Personen und jede Menge Gepäck.

„Traumwagen für Realisten": Der neue Rekord des Jahrgangs 1958 mit seinen charakteristischen Panoramascheiben war der Knüller der IAA 1957. Seine Form erinnerte an das Design des Chevrolet Bel Air, eines äußerst beliebten US-Modells, das in Amerika inzwischen Kultstatus erlangt hat.

Form follows function: Ein geräumiger Innen- und ein großzügiger Kofferraum waren klare Entwicklungsziele für den neuen Rekord P1, wie hier im „Modellraum" anschaulich demonstriert.

Attraktiv und dennoch preiswert: Der Rekord P1 erklomm sofort die Verkaufshitparaden – nicht nur in Deutschland, sondern auch in Exportmärkten. Auch in den USA – hier wurde er über das Buick-Händlernetz vertrieben – fand der Olympia Rekord P1 großen Anklang.

Apart: Der attraktiven Form der Limousine stand der CarAVan in nichts nach. Auf Wunsch war dieses Modell auch mit der sogenannten Gepäckgalerie lieferbar. Die bei den Vorgängermodell serienmäßigen hinteren Schiebe-Seitenfenstern wichen im Rekord P1 sogenannten Schwenkfenstern.

Routinierte Produktion: Die Fertigung für den neuen Rekord lief auf vollen Touren, um der hohen Nachfrage folgen zu können. Zwischen 1957 und 1960 verließen weit über 800.000 Einheiten die Rüsselsheimer Produktion.

Medieninteresse: Der Hessische Rundfunk berichtete regelmäßig in seiner „Hessenschau" über die Fortschritte in der Rüsselsheimer Produktion, wie hier bei der Achsmontage.

Basisarbeit: Hier die Instrumententafel des Einstiegsmodells Olympia, deutlich zu erkennen am einfachen Lenkrad, der fehlenden Zeituhr sowie dem reduzierten Chromschmuck. Der auf dem Instrumententräger montierte Rückspiegel „wanderte" 1958 übrigens wieder an den Dachrahmen.

Kommandostand: Fahrer des Olympia Rekord konnten sich über ein deutlich wohnlicheres Ambiente im Innenraum freuen. Dazu gehörten Zeituhr, zahlreiche Zierelemente und Zigarettenanzünder.

Neuer Glanz: Der Kapitän 1958 war noch nicht auf dem Markt, als man intern schon an Konzepten für einen Nachfolger (links) arbeitete, der schon ein Jahr später – 1959 – auf den Markt kommen sollte. Heute ist der zwischen Spätsommer 1958 und Spätsommer 1959 gebaute Kapitän P 2,5 ein gesuchtes Sammlerstück.

Rückblick: Alternative Heckgestaltungen wurden intensiv diskutiert. Dabei spielte das Rücklicht-Thema immer wieder eine wesentliche Rolle. Die ovalen roten Rückleuchten mit integrierten Rückstrahlern, Brems- und Blinkleuchten sowie die breite Zierleiste auf den Kotflügel-„Flossen" weisen unmißverständlich auf den Kapitän 1959 hin, der unter Kennern auch als „Mersheimer-Kapitän" bekannt ist. Hans Mersheimer, lange Zeit Technischer Direktor der Adam Opel AG und Vorstandsmitglied, war Drahtzieher der umfassenden Änderungen nach nur einem Produktionsjahr gewesen. Das Vorgängermodell war komplett in den USA entworfen worden.

Function follows form: Weil die Türen des Kapitän P 2,5 von vielen Kunden als zu schmal empfunden wurden, befaßte man sich auch intensiv mit Änderungen der hinteren Türen. Ein zweiter Kritikpunkt war der nach hinten deutlich abfallende Dachrahmen, was dem viertürigen Kapitän zwar eine sportliche, fast coupéartige Optik verlieh, aber den Einstieg erschwerte. Diese Studie zeigt erste Ansätze, wie dies geändert werden sollte.

Bergab: Trotz guter Verkaufszahlen mußte der Kapitän P 2,5 schon nach einem Jahr abtreten – wie erwähnt taten sich viele Kunden mit dem beschwerlichen Einstieg in den Wagenfont und der dort vorhandenen eingeschränkten Kopffreiheit schwer.

Coupéartige Eleganz: Die Form des neuen Kapitän erinnerte an das Design des 1958er Chevrolet Impala und verband attraktive Optik mit einer leicht sportlichen Note. Die modernen Panoramascheiben vorn und hinten sorgten für perfekte Sichtverhältnisse.

Fest im Griff: Das große weiße Steuerrad des Kapitän ließ sich auch von „zarter Damenhand" spielerisch bedienen. Für besonders komfortbewußten Naturen bot man ab Ende der fünfziger Jahre auch eine leichtgängige Servolenkung an. Und auch die Dreigang-Lenkradschaltung kam den Komfortanspruch der Kunden und Kundinnen entgegen.

Motivsuche: Besonders gerne wurde der elegante Kapitän in nobler Umgebung von den Werbefotografen abgelichtet.

Autohaus Fritz Bürr
DIREKTHÄNDLER DER ADAM OPEL A.G.
Bremen · Gröpelinger Heerstr. 253 · Tel. 7 07 51

VERKAUF DER GENERAL MOTORS WAGEN:
CHEVROLET · PONTIAC
OLDSMOBILE · BUICK
CADILLAC

REPARATURWERK MIT LEITSTAND · ERSATZTEILE · KUNDENDIENST · MODERNE SCHNELLDIENSTSTATION

Prominente wie Hildegard Knef und Heinz Erhardt oder das Ehepaar Anny Ondra und Max Schmeling setzten ebenso auf Opel wie der Norddeutsche oder der Hessische Rundfunk.

FILM UND FERNSEHEN · FILM UND FERN

Ein Wagen und sein Fahrer: Der Rekord P 1 war für viele der erschwingliche Traumwagen schlechthin. Mit weit über 800.000 Einheiten war er einer der erfolgreichsten Rekord-Modelle und erreichte erstmals im Mittelklasse-Segment derartig hohe Verkaufszahlen.

Navigations-System: Wo heute elektronische Helfer im Opel Omega den Weg weisen, halfen in den fünfziger Jahren nur Landkarten — und gute Ortskenntnisse. Diese beiden jungen Damen aus Schweden fanden jedenfalls zurück auf den rechten Weg…(ganz links)

Freie Sicht: Die großen Panoramascheiben vorn und hinten trugen zu der phantastischen Rundumsicht des Rekord bei, ebenso wie die schmalen Dach- und Türpfosten.

Schwedenhappen: Auch in Skandinavien erfreute sich der Rekord hoher Beliebtheit. Für rund 13.980 Kronen konnte man eine attraktive zweitürige Limousine mit 1,5-Liter-Vierzylindermotor und 50 PS erstehen.

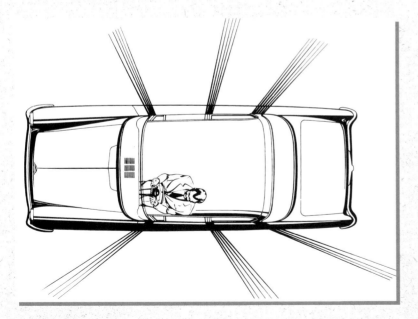

Volles Programm: Ab Herbst 1959 konnte der Interessent nicht nur zwischen der zwei- und der viertürigen Limousine wählen, sondern auch den besonders preiswerten Opel 1200 in die Kaufentscheidung miteinbeziehen. Er besaß zwar die Rekord-Karosserie, aber eine einfachere Ausstattung und einen 1,2-Liter-Vierzylindermotor mit 40 PS. Für den Rekord wiederum wurde nun auf der anderen Seite auch ein 1,7-Liter-Motor mit 55 PS angeboten. Weiterhin gab es natürlich den erfolgreichen Opel CarAVan, das attraktive Kombimodell. Der 1200 blieb übrigens unverändert im Programm, als im Spätsommer 1960 ein neuer Rekord, der Rekord P2, debütierte.

Rückblick: Die großen Panoramascheiben machten es schon manchmal notwendig, frühzeitig zur Sonnenbrille zu greifen, denn getönte Scheiben gab es noch nicht für den Rekord und den Opel 1200 (links unten).

Von Könnern gebaut, von Kennern gefahren – gibt es dem noch etwas hinzuzufügen?

Picknick: Was kann schöner sein, als eine kleine Rast in der sommerlichen Natur nach langer Fahrt im luxuriösen Kapitän? Das vergnügte Paar auf unserem Bild weiß es wahrscheinlich auch nicht ...

Einladend: Mit vier Türen bot der Rekord P1 ab Spätsommer 1959 noch mehr Komfort, ohne dabei optisch weniger attraktiv als die gelungene zweitürige Limousine zu wirken.

Noch einladender: Der Opel CarAVan verband Limousinen-Optik mit optimalem Raumangebot und war damit die perfekte Verbindung für Beruf und Privatleben. Natürlich gab es auch dieses Modell mit der begehrten Zweifarben-Lackierung, wie im Bild zu sehen.

Mogelpackung: Als perfekte Illusion entpuppt sich dieser Chevrolet Bel Air, der in Wahrheit ein Rekord P1 mit optischen Tricks ist. Dieser 1955 präsentierte Chevy war übrigens tatsächlich auch das Design-Vorbild für den Rekord P1

SONDERKAROSSERIEN · SONDERKAROSSER

80

Traum: Dieses 1949 von Hebmüller entworfene Konzept eines Kapitän Cabrios wurde leider nie realisiert.

Künstliche Flossen und Doppelflügel: Dieses Rekord Coupé von Autenrieth in Darmstadt sollte ein sehr seltenes Modell bleiben. Es bot einen riesigen Kofferraum, gleichzeitig aber nur zwei Personen Platz. Die Panoramascheiben vorn und hinten fügten sich perfekt in das Coupé-Design ein. Besondere zeitgenössische Details sind die zusätzlich angebrachten Heckflossen und die doppelten Zierleisten an den Wagenflanken.

SONDERKAROSSERIEN · SONDERKAROSS

Alptraum: Dieses zweitürige Kapitän Cabrio von Hebmüller des Jahres 1939 mit zwei Sitzplätzen wurde nachträglich mit der Front eines Kapitän des Jahres 1952 aktualisiert.

Rares Stück: Dieser von Ghia-Aigle (Schweiz) durchgeführte Sonderumbau auf Basis des Kapitän 1956 wirkte zwar optisch attraktiv, sollte aber ein äußerst seltenes Stück bleiben. Während sich die Kombi-Idee im Segment der Mittelklasse schnell durchgesetzt hatte, legten Sechszylinder-Käufer doch Wert auf klassische Eleganz im Limousinen-Format.

Fahrt ins Blaue: Mit dem Kapitän des Jahres 1959 wurde jede Fahrt zum Vergnügen – egal, wieviel Passagiere sich an Bord befanden.

Blick voraus: Die Frontscheibe des Kapitän 2,6 wurde vom Vorgänger übernommen, ...

... während die Heckscheibe – ebenso wie der hintere Teil des Daches – komplett neu gestaltet wurde.

Komfortabel und geräumig: Der Kapitän des Jahrgangs 1959 ähnelte zwar seinem Vorgänger, bot aber einen entscheidenden Vorteil: die deutlich verbreiterten Fondtüren, die die Optik zusammen mit dem neugestalteten Dach-Pavillon nicht störten.

AUSBLICK · AUSBLICK · AUSBLICK · AUSBLICK

AUSBLICK · AUSBLICK · AUSBLICK · AUS

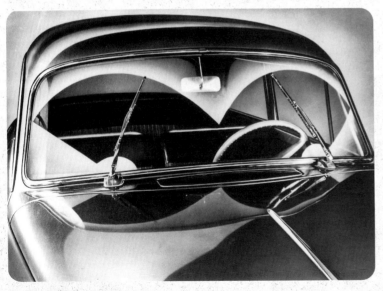

Neuer Wind: Der Kapitän 1959 beflügelte die Verkaufsergebnisse des Opel-Flaggschiffs beträchtlich. Dieses Modell war derart erfolgreich, daß es bis 1963 ohne wesentliche Veränderungen gebaut wurde – insgesamt rund 145.000 mal.

Star der Sechszylinderklasse: Mit seiner gelungenen neuen Form und dem drehmomentstarken 2,6-Liter-Motor mit 90 PS war der neue Kapitän der Erfolgstyp unter den Sechszylinder-Limousinen.

Platz da: Mehr Kofferraum bot kaum einer in Deutschlands Limousinen-Welt.

Alter Däne mit Bock auf Opel (Copyright Jochen Kruse): Diese Pick-up-Version des Rekord P 2 fand man in den frühen sechziger Jahren in einigen Exportmärkten. Man sieht: Die Zukunft hielt manche Überraschung bereit...

TECHNISCHE DATEN

Opel Olympia 1950 - 1953

Baujahr: 1950-1953 **Stückzahl:** 130.918
Motor: 1,5 Liter **Verbrennungsart:** Otto
Zylinderzahl/Anordnung: 4/Reihe
Zylinderkopf/Motorblock: Grauguß/Grauguß
Hubraum in cm³: 1488 **Bohrung x Hub in mm:** 80 x 74
Leistung in PS/min -1: 37/3500
Max. Drehmoment in Nm/min -1: 90/2000, ab 1951: 39/3700
Max. Drehmoment in Nm/min -1: 90/2000
Ventilsteuerung: o. h. v., Stirnräder
Schmierung: Druckumlaufschmierung
Gemischaufbereitung: Opel Fallstromvergaser mit Beschleunigungspumpe
Kühlsystem: Wasserkühlung mit Pumpe und Ventilator
Zündsystem/Bordspannung: Batterie 6 V/84 Ah
Kraftübertragung: Opel Dreigang-Getriebe, 2. und 3. Gang synchronisiert, Lenkradschaltung, Hinterradantrieb, Differential mit Spiralverzahnung
Karosserie/Fahrwerk:
Aufbau: 2-türige Limousine, Cabrio-Limousine, Lieferwagen (bis 1951)
Aufbau-/Chassis-Konstruktion: selbsttragende Ganzstahl-Karosserie
Vorderradaufhängung: Stahlblech-Achskörper mit Querlenkern
Vorderradfederung/-dämpfung: Schraubenfedern, hydraulische Hebel-Stoßdämpfer
Hinterradaufhängung: Starrachse, Banjo-Typ
Hinterradfederung/-dämpfung: Blattfedern, Hebel-Stoßdämpfer
Räder: Stahlscheibenräder 3.25 D x 16, ab 1951: 4 J x 15
Reifen: Dimension 5.00 x 16, ab 1951: 5.60 x 15 Super Ballon
Lenkung/Bremsen: Lenkung, Bauart Schnecken-Segment-Lenkung, zweiteilige Spurstange, hydraulische Vierradbremse, Trommel-Vorderradbremse
Hinterradbremse: Trommel, Seilzug auf die Hinterräder
Handbremse: Trommel
Maße/Gewichte/Fahrleistungen/Preise:
Länge/Breite/Höhe mm: 4050 x 1564 x 1580
Radstand in mm: 2395
Spurweite vorn/hinten mm: 1191/1250, ab 1951: 1203/1262
Leergewicht in kg: 910, ab 1951: 920
Zuladung in kg: 370, ab 1951: 350
Tankinhalt: l 35
Verbrauch in l/100 km: 8,5 (Normverbrauch), ab 1951: 8,2
Höchstgeschwindigkeit in km/h: 112
Grundpreise: DM 6785.- bis 6950.-, ab 1951 6150.- bis 6350.-

Opel Olympia Rekord 1953 - 1957

Baujahr: 1953-1957 **Stückzahl:** 558.452 (von März '53 bis Juli '57)
Motor: 1,5 Liter **Verbrennungsart:** Otto
Zylinderzahl/Anordnung: 4/Reihe
Hubraum in cm³: 1488 **Bohrung x Hub in mm:** 80 x 74
Leistung in PS/min -1: 40/3800 bzw. 45/3900 (ab August 1955)
Max. Drehmoment in Nm/min -1: 96/1900 bzw. 100/2300
Ventilsteuerung: o. h. v., Stirnräder
Schmierung: Druckumlaufschmierung
Gemischaufbereitung: Opel Fallstromvergaser mit Beschleunigungspumpe
Kühlsystem: Wasserkühlung mit Pumpe und Ventilator
Zündsystem/Bordspannung: Batterie/6 V/84 Ah
Kraftübertragung: Einscheiben-Trockenkupplung, Opel-Dreigang-Getriebe, 2. u. 3. Gang synchronisiert, Lenkradschaltung, Hinterradantrieb, Differential mit Spiralverzahnung
Karosserie/Fahrwerk:
Aufbau: 2-türige Limousine, Cabrio-Limousine (bis 1956), 3-türiger Caravan
Aufbau-/Chassis-Konstruktion: selbsttragende Ganzstahl-Karosserie, Ponton-Form
Vorderradaufhängung: Stahlblech-Achskörper mit Querlenkern, Drehstab
Vorderradfederung/-dämpfung: Schraubenfedern, Teleskop-Stoßdämpfer
Hinterradaufhängung: Starrachse, Banjo-Typ
Hinterradfederung/-dämpfung: Blattfedern, Teleskop-Stoßdämpfer
Räder: Stahlscheibenräder
Reifen: Dimension 5.60 x 13 (ab August 1955 schlauchlos)
Lenkung/Bremsen: Schnecken-Segment-Lenkung, hydraulische Vierradbremse, Vorderradbremse Duplex-Trommelbremse,
Hinterradbremse: Trommel
Handbremse: Stockhandbremse (Seilzug, auf Hinterräder wirkend)
Maße/Gewichte/Fahrleistungen/Preise:
Länge/Breite/Höhe in mm: 4240 x 1625 x 1550 (Limousine)
Radstand in mm: 2487
Spurweite: vorn/hinten in mm: 1200/1268
Leergewicht in kg: 895
Zuladung in kg: 350
Tankinhalt in l: 31
Verbrauch in l/100 km: 8,2 bzw. 7,8 (ab August 1955)
Höchstgeschwindigkeit in km/h: 115 bzw. 122 (ab August 1955)
Grundpreise: DM 5990,- bis 6 550,-

Opel Rekord P 1 und Opel 1200

Baujahr: '57-'60, Opel 1200 von '59 bis '62 **Stückzahl:** 855.749
Motor: Motorvarianten 1,5 Liter und 1,7 Liter sowie 1,2 Liter (Opel 1200)
Verbrennungsart: Otto
Zylinderzahl/Anordnung: 4/Reihe
Zylinderkopf/Motorblock: Grauguß/Grauguß
Hubraum in cm³: 1488 bzw. 1680 bzw. 1205 (Opel 1200)
Bohrung x Hub in mm: 80 x 74 bzw 85 x 74 bzw. 72 x 74 (Opel 1200)
Leistung in PS/min -1: 45/3900 bzw. 50/4300 (1.5 Liter ab Herbst 1958) bzw. 55/4000 (1.7 Liter) bzw. 40/4400
Max. Drehmoment in Nm/min -1: 100/2300 bzw. 108/1800 - 2400 (1.5 L. ab Herbst 1958) bzw. 122/2100 (1.7 Liter) bzw. 84/2200 (Opel 1200)
Ventilsteuerung: o. h. v., Stirnräder
Schmierung: Druckumlaufschmierung
Gemischaufbereitung: Opel Fallstromvergaser m. Beschleunigungspumpe
Kühlsystem: Wasserkühlung mit Pumpe und Ventilator
Zündsystem/Bordspannung: Batterie 6 V/77 Ah
Kraftübertragung: Opel Dreigang-Getriebe, vollsynchronisiert, Hinterradantrieb, Lenkradschaltung, Differential mit Hypoidverzahnung, ab 1958: Olymat: automatische Duplo-Kupplung
Karosserie/Fahrwerk:
Aufbau: 2-türige Limousine, 4-türige Limousine (ab 1959), 3-türiger Caravan
Aufbau-/Chassis-Konstruktion: selbsttragend, Ponton-Form mit Panorama-Scheiben
Vorderradaufhängung: Stahlblech-Achskörper mit Querlenkern, Drehstab
Vorderradfederung/-dämpfung: Einzelradfederung, Schraubenfedern mit progressiver Rate, Teleskop-Stoßdämpfer
Hinterradaufhängung: Starrachse, Banjo-Typ
Hinterradfederung/-dämpfung: 3-Blattfeder, Teleskop-Stoßdämpfer
Räder: Stahlscheibenräder 4 J x 13
Reifen: Dimension schlauchlos, 5.60 x 13 (ab Juli 1959: 5.90 x 13)
Lenkung/Bremsen: Kugelumlauf-Lenkung mit dreiteiliger Spurstange
Fußbremse: Hydraulische Vierradbremse
Vorderradbremse: Duplex-Trommelbremse
Hinterradbremse: Trommel (Laschenbremse)
Handbremse: Stockhandbremse (Seilzug, auf Hinterräder wirkend)
Maße/Gewichte/Fahrleistungen/Preise:
Länge/Breite/Höhe in mm: 4433 x 1616 x 1490 (Limousine)
Radstand in mm: 2541
Spurweite vorn/hinten in mm: 1260/1270
Leergewicht in kg: 905 bis 930
Zuladung in kg: 345 bis 410
Tankinhalt in l: 40
Verbrauch l/100 km: 8,6 8,9 (DIN 70 030)
Höchstgeschwindigkeit in km/h: 125 bzw. 132
Grundpreise in DM: 6385.- bis 6875.- bzw. 5700.- (1200)

Opel Kapitän '50 bis '53

Baujahr: 1950-1951, 1951-1953 **Stückzahl:** 66.057
Motor: 2,5 Liter **Verbrennungsart:** Otto
Zylinderzahl/Anordnung: 6/Reihe
Zylinderkopf/Motorblock: Grauguß/Grauguß
Hubraum cm³: 2473 **Bohrung x Hub mm:** 80 x 82
Leistung PS/min -1: 55/3500 bzw. 58/3700 (ab 1951) bzw. 60/3500 (ab 1953)
Max. Drehmoment Nm/min -1: 142/1600 bzw. 147/1600 (ab 1951) bzw. 160/1600 (ab 1953)
Ventilsteuerung: o. h. v., Stirnräder
Schmierung: Druckumlaufschmierung
Gemischaufbereitung: Opel Fallstromvergaser mit Beschleunigungspumpe
Kühlsystem: Wasserkühlung mit Pumpe und Ventilator
Zündsystem/Bordspannung: Batterie 6 V/75 Ah
Kraftübertragung: Einscheiben-Trockenkupplung, Opel Dreigang-Getriebe, Lenkradschaltung, Hinterradantrieb, Differential mit Spiralverzahnung
Karosserie/Fahrwerk: Aufbau: 4-türige Limousine
Aufbau-/Chassis-Konstruktion: selbsttragende Ganzstahl-Karosserie
Vorderradaufhängung: unabhängige Vorderradaufhängung mit trapezförmigen Doppel-Querlenkern, Stabilisator,
Vorderradfederung/-dämpfung: Schraubenfedern, hydraulische Hebelstoßdämpfer
Hinterradaufhängung: Starrachse, Banjo-Typ,
Hinterradfederung/-dämpfung: Blattfedern mit Schutzgamaschen, hydraulische Hebelstoßdämpfer
Räder: Stahlscheibenräder **Reifen:** Dimension 5.50 x 16 bzw. 6.40 x 15 (ab 1951) bzw. 6.40 x 13 (ab 1953)
Lenkung/Bremsen: Schneckenrollen-Lenkung
Fußbremse: Hydraulische Vierradbremse
Vorderradbremse: Trommel **Hinterradbremse:** Trommel
Handbremse: Stockhandbremse (Seilzug, auf Hinterräder wirkend)
Maße/Gewichte/Fahrleistungen/Preise:
Länge/Breite/Höhe in mm: 4620 x 1660 x 1640 bzw. 4715 x 1720 x 1625 (ab 191) Radstand in mm: 2695
Spurweite vorn/hinten in mm: 1348/1326 bzw. 1338/1326 (ab 1951)
Leergewicht in kg: 1210 bzw. 1240 (ab 1951)
Zuladung kg: 400 Tankinhalt l: 50
Verbrauch l/100 km: 12,0 bzw. 11,5 (ab 1951) bzw. 10,5 (ab 1953)
Höchstgeschwindigkeit in km/h: 126 bzw. 128 (ab 1951) bzw. 133 (ab 1953)
Grundpreis in DM: 9250.- bis 9600.- (ab August 1951) bzw. 8990.- (ab Nov. 1952)

Opel Kapitän '54 - '57

Baujahr: 1953-1955, 1955-1958 **Stückzahl:** 154.098
Motor: 2,5 Liter **Verbrennungsart:** Otto
Zylinderzahl/Anordnung: 6/Reihe
Zylinderkopf/Motorblock: Grauguß/Grauguß
Hubraum cm³: 2473 Bohrung x Hub mm: 80 x 82
Leistung in PS/min -1: 68/3500 bzw. 71/3700 (ab Oktober 1954) bzw. 75/3900 (ab Juli 1955)
max. Drehmoment Nm/min -1: 160/1700 (ab 1954: 168/1700) bzw. 173/1700 (ab Sommer 1955)
Ventilsteuerung: o. h. v., Stirnräder
Schmierung Druckumlaufschmierung
Gemischaufbereitung: Opel Fallstromvergaser mit Beschleunigungspumpe
Kühlsystem: Wasserkühlung mit Pumpe und Ventilator
Zündsystem/Bordspannung: Batterie 6 V/84 Ah
Kraftübertragung: Einscheiben-Trockenkupplung, Opel Dreigang-Getriebe, 2. und 3. Gang sperrsynchronisiert, Lenkradschaltung, Hinterradantrieb, Differential mit Hypoidverzahnung, ab 1955 wahlweise halbautomatischer Overdrive
Karosserie/Fahrwerk: 4-türige Limousine
Aufbau-/Chassis-Konstruktion: selbsttragende Ganzstahl-Karosserie, Ponton-Form
Vorderradaufhängung: Unabhängige Vorderradaufhängung mit trapezförmigen Doppel-Querlenkern, Stabilisator
Vorderradfederung/-dämpfung: Schraubenfedern mit innen stehenden Teleskop-Stoßdämpfern
Hinterradaufhängung: Starrachse, Banjo-Typ, Gußgehäuse mit Tragrohren
Hinterradfederung/-dämpfung: Blattfedern mit Zwischenlagen, Teleskop-Stoßdämpfer, Stabilisator
Räder: Stahlscheibenräder, 4 1/2 J x 13 **Reifen:** Dimension 6.40 x 13
Lenkung/Bremsen: Schneckenrollen-Lenkung (Mittelpunkt-Lenkung) mit dreiteiliger Spurstange **Fußbremse:** hydraulische Vierradbremse,
Vorderradbremse: Duplex-Trommelbremse,
Hinterradbremse: Trommel, Laschenbremse
Handbremse: Stockhandbremse (Seilzug, auf Hinterräder wirkend)
Maße/Gewichte/Fahrleistungen/Preise:
Länge/Breite/Höhe in mm: 4710 x 1760 x 1580 bzw. 4725 x 1760 x 1560 (ab Sommer 1955) Radstand in mm: 2750
Spurweite vorn/hinten mm 1341/1372 bzw. 1372/1372 (ab Sommer 1955) Leergewicht kg 1210 bzw. 1300 (ab Sommer 1955), **Zuladung** kg 440 bzw. 400 (ab Sommer 1955)
Tankinhalt l: 45 **Verbrauch l/100 km:** 10,1 bzw. 11,0 (ab Sommer 1955) **Höchstgeschwindigkeit km/h:** 138 bzw. 140 (ab Sommer 1955)
Grundpreise in DM: 9500,- ab Januar 1955: 8990,- bzw. 9350 - 10.250.- (ab Sommer 1955) Opel Kapitän P 1 und P 2 (P 2,5 und P 2,6)

Opel Kapitän P 1 und P 2 (P 2,5 und P 2,6)

Baujahr: 1958-1959, 1959-1963 **Stückzahl:** 34.842 (davon 17.132 Kapitän L) bzw. P 2 (P 2,6): 145.616
Motor: Motorvarianten: 2,5 Liter bzw. 2,6 Liter (Kapitän P2 oder P 2,6)
Verbrennungsart: Otto **Zylinderzahl/Anordnung:** 6/Reihe
Zylinderkopf/Motorblock: Grauguß/Grauguß
Hubraum cm³: 2473 bzw. 2605
Bohrung x Hub mm: 80 x 82 bzw. 85 x 76,5
Leistung PS/min -1: 80/4100 bzw. 90/4100
Max. Drehmoment Nm/min -1: 176/1400 - 2400 bzw. 190/1300 - 2500 **Ventilsteuerung:** o. h. v., Stirnräder
Schmierung: Druckumlaufschmierung
Gemischaufbereitung: Opel Fallstromvergaser mit Beschleunigungspumpe
Kühlsystem: Wasserumlaufkühlung, Lamellenkühler Zündsystem/Bordspannung: Batterie 6 V/77 Ah
Kraftübertragung: Einscheiben-Trockenkupplung mit Scheibenfeder, Opel-Dreigang-Getriebe, auf Wunsch: Overdrive, Lenkradschaltung, Hinterradantrieb mit Hypoidverzahnung, geteilte Gelenkwelle mit Zwischenlager, ab 1961 auf Wunsch 3-Gang-Vollautomatic „Hydramatic"
Karosserie/Fahrwerk: Aufbau: 4-türige Limousine
Aufbau-/Chassis-Konstruktion: Selbsttragend mit Plattformrahmen
Vorderradaufhängung: Einzelradaufhängung mit trapezförmigen Querlenkern, Stabilisator
Vorderradfederung/-dämpfung: progressive Schraubenfedern, Teleskop-Stoßdämpfer **Hinterradaufhängung:** Starrachse, Banjo-Typ
Hinterradfederung/-dämpfung: Blattfedern mit progressiver Rate, Teleskop-Stoßdämpfer, Stabilisator
Räder: Stahlscheibenräder, 5 J x 13
Reifen: Dimension 6.70 x 13 bzw. 7.00-14 Sport auf Felgen 5 JK x 14 (ab Sommer 1959)
Lenkung/Bremsen: Kugelumlauf-Lenkung mit selbsttätigem Rücklauf, ab 1960 auf Wunsch Servolenkung **Fußbremse:** hydraulische Vierradbremse
Vorderradbremse: Duplex-Trommelbremse
Hinterradbremse: Trommelbremsen (Laschenbremse nur P 2,5)
Handbremse: Stockhandbremse (Seilzug, auf Hinterräder wirkend)
Maße/Gewichte/Fahrleistungen/Preise:
Länge/Breite/Höhe in mm: 4764 x 1785 x 1500 bzw. 4831 x 1812 x 1512
Radstand in mm: 2800
Spurweite vorn/hinten in mm: 1376/1372 bzw. 1 378/1 374
Leergewicht in kg: 1310 **Zuladung in kg:** 510
Tankinhalt: l 55 **Verbrauch l/100 km:** 11,5 (mit Overdrive 10,2)
Höchstgeschwindigkeit in km/h: 142 bzw. 150 (ab 1959)
Grundpreise in DM: 10.250,- bzw. Kapitän „L": 11.000,- bzw. 9975.- Kapitän P 2 und 10.675.- Kapitän „L" P 2

DANK

Keine Frage:

Ohne vielfältige Hilfe und Unterstützung wäre auch dieses Buch nie zustande gekommen. Gerade dieses nicht. So wertvoll das Archiv der Adam Opel AG war: Ohne das Engagement und den Einsatz vieler Opel-Freunde, denen Autor und Verlag hiermit herzlich danken möchten, wäre aus diesem hoffentlich vergnüglichen Rückblick auf die „wilden Fünfziger" nichts geworden. Und wer hat nicht alles angefangen, jahrzehntelang den Dornröschen-Schlaf schlummernde Bilder hervorzukramen und zu neuem Leben zu erwecken: Privatleute, in deren Familie traditionell Opel gefahren wurde, ehemalige und noch aktive Opel-Händler, Freunde aus Schweden und der Schweiz; sogar bei Firmen, die in den fünfziger Jahren mit den Fahrzeugen aus Rüsselsheim zu tun hatten, stieg man ins Archiv. Wie auch beim Hessischen Rundfunk oder beim Filmmuseum in Frankfurt...

Bei der Auswahl dieser auf Papier festgehaltenen Momentaufnahmen – allesamt immerhin um die vierzig Jahre alt – haben wir uns im Zweifelsfall für das authentische, das „einmalige" Bild entschieden. Ohne Rücksicht auf seine Qualität.

Besonderer Dank gilt:

Herrn Ernst-Peter Berresheim, Adam Opel AG, Rüsselsheim
Herrn Prof. Heiner Boehncke, Hessischer Rundfunk, Frankfurt
Herrn Dalchow, Autohaus Georg von Opel, Frankfurt
Herrn Dill, Tabbert Caravan GmbH, Sinntal-Mottgers
Frau Gerber, J. Ebersbächer GmbH, Esslingen
Herrn Dr. Martin Grass, Uppsala, Schweden
Herrn Peer Günther, Automobilclub von Deutschland (AvD), Frankfurt
Herrn Klaus Hebmüller, Neuss
Herrn Henze, Deutsches Filmmuseum, Frankfurt
Frau Karenbrock, Esso AG, Hamburg
Frau Ilona Köhler, Adam Opel AG, Rüsselsheim
Frau Kübler, Deutsche Shell Aktiengesellschaft, Hamburg
Herrn Peter Kurze, Verlag Peter Kurze, Bremen
Herrn Meier, Dethleffs GmbH, Isny
Herrn und Frau Micke, Rheda-Wiedenbrück
Herrn Manfred Peschke, ehem. MIKAFA, Porta Westfalica
Herrn Rob de la Rive Box, Brunnen, Schweiz

Herrn Max Schmeling, Hollenstedt
Herrn Erhard Schnell, Trebur bei Rüsselsheim
Herrn Halwart Schrader, Suderburg-Hösseringen
Herrn Klaus Steinke, Deutsche Veedol GmbH, Hamburg
Herrn Joachim Wölfer, Elmshorn
Herrn Herbert Woltmann, Hollenstedt
Herrn Heinz H. Zettl, Adam Opel AG, Rüsselsheim